DU
CHANGEMENT DE MINISTÈRE,

EN DÉCEMBRE 1821.

DU
CHANGEMENT DE MINISTÈRE,
EN DÉCEMBRE 1821;

PAR UN ROYALISTE.

A PARIS,

CHEZ P. GUEFFIER, IMPRIMEUR-LIBRAIRE,

RUE GUÉNÉGAUD, N° 31.

1821.

AVIS

DE L'ÉDITEUR.

————

L'écrit qu'on va lire est d'un royaliste, que son respect pour la volonté royale, d'abord, ensuite un sentiment profond du véritable intérêt de la France, attachent aux institutions qu'elle doit à la sagesse du plus éclairé des monarques ; qu'attachent, aussi, aux princes de la maison de Bourbon, des liens sacrés d'amour, même de reconnaissance, et dont le vœu le plus ardent est de voir affermie à jamais la dynastie légitime.

Ce royaliste est encore un chef de famille pour qui les années se pressent et leur mesure se comble ; dont l'intérêt le plus cher, dès-lors, est de ne fermer les yeux, quand son heure sera venue, qu'avec toute sécurité sur l'avenir des siens.

Enfin, ce royaliste est un citoyen qui a vu les signes précurseurs d'une Révolution dont la naissance et les développemens l'ont eu aussi pour témoin, comme ses fléaux l'ont fait leur victime ;

qui avoit sous les yeux, au moment où il a composé ces pages, les arrêtés que le Parlement de Paris fulmina contre les ministres du Roi les 3 mai 1787 et 5 mai 1788 (1); qui a entendu les déclamations dont les Assemblées constituante et législative, successivement, retentirent contre d'autres ministres du Roi, et qui ne peut avoir oublié que le parlement de Paris, les ministres du Roi de 1787 et 1788, les orateurs véhémens de l'Assemblée constituante, les ministres du Roi de 1789, 1790, 1791, les déclamateurs fougueux de l'Assemblée législative, les ministres du Roi qui, en 1792, perdaient, à-peu-près chaque mois, la confiance de la *Nation*, le Roi lui-même, enfin, tout a été dévoré par le monstre révolutionnaire !

Il a paru à ce royaliste que, lorsque les mêmes signes, précisément, qui avaient annoncé ces premières catastrophes, commençaient à reparaître, en avertir les Français seroit faire une œuvre de bon citoyen. Car une révolution nouvelle ne peut être désirée que par des méchans, et l'auteur de cet écrit n'admet que l'aveuglement de quelques hommes

---

(1) Le lecteur les trouvera imprimés à la fin de cet écrit.

pour cause du péril qui menace le pays. Mais il est imminent, ce péril. La disparition d'un ministère tout entier, dans les circonstances de situation, intérieure et extérieure, où elle a eu lieu, offre quelque chose de trop fécond en conséquences possibles, pour que celui qui pressent le mal et peut s'en expliquer doive se taire.

Non qu'il y ait à conclure de ce langage, ni du titre de l'Écrit, que l'on y rencontrera des comparaisons entre les personnes. Les hommes ne sont rien là où les choses sont tout. Et s'il était entré dans le plan de l'auteur de s'occuper des premiers, en même temps qu'il traiteroit des secondes, la vertu notoire, le mérite éminent de quelques-uns des nouveaux Ministres, trouveroient ici l'hommage que leur rend la France entière. Mais il s'agit de bien autre chose que d'eux ou de leurs prédécesseurs. Il s'agit de la France, de son Roi, de ses Princes légitimes, de ses institutions, de son existence de nation, et de première nation de l'Europe. Devant un tel intérêt, tous autres disparaissent.

Ce qui précède laisse assez connaître, sans doute, qu'on ne va pas lire un Ecrivain de parti. La haîne seule se passionne; la douleur est sans colère.

Ou l'auteur s'est fait illusion, ou plus d'une vérité, dans ces pages, frappera ceux-là même dont les écarts lui ont mis la plume à la main. Un tel succès seroit sa plus douce récompense. Il croit, du moins, au suffrage de quiconque a de la bonne-foi et veut sincèrement la monarchie légitime et constitutionnelle en France.

DU

CHANGEMENT DE MINISTÈRE,

EN DÉCEMBRE 1821.

————

Lorsqu'une crise commence, et pendant qu'elle s'opère, soit dans le corps humain, soit dans le corps politique, la sagesse est d'observer, avant d'en signaler les causes et d'en calculer les effets.

Aujourd'hui qu'on est revenu, en France, de l'étourdissement dans lequel la retraite de tout un Ministère y a jeté les esprits, il devient nécessaire de reconnoître comment a pu arriver un événement aussi capable de les alarmer. Cette nécessité naît d'un intérêt évident, qui consiste à obtenir qu'un second danger soit prévenu par la constatation des causes du premier.

Tout un Ministère s'est retiré pour faire place à un autre.

La considération qui appartient à la France étoit-elle donc compromise, au-dehors, par la foiblesse ou par l'impéritie ?

Non : d'un côté, le chef de ce ministère,

dont le nom est devenu le synonyme de probité publique, représentoit, en quelque sorte, aux yeux de l'étranger, toute celle du gouvernement français; de l'autre, nos ambassadeurs, nos consuls, nos compatriotes voyageurs, nos compatriotes commerçans, tous attestoient, à l'envi, l'étonnement, l'admiration, peut-être aussi l'inquiétude, avec lesquels, chez l'étranger, on voyoit la France marcher à grands pas vers sa prospérité. Et, en effet, au milieu de ces commotions qui menacent le repos de l'Europe, la France demeuroit calme, conservoit sa dignité, et offroit le spectacle d'un gouvernement régulier et paisible, qui rendoit son Roi l'objet d'une vénération universelle. De plus, le ministre à qui étoit confiée spécialement la direction des affaires de l'extérieur, avoit, en maintes occasions, déployé, au sein de la Chambre des députés, un rare talent parlementaire qui laissera de longs souvenirs, et donné, en même temps que des preuves nombreuses de sagesse et de fermeté, des gages multipliés de son dévoûment à la monarchie des Bourbons.

Les tribunaux restoient-ils inactifs, et, dès-lors, les lois impuissantes?

Non : il y a notoriété qu'au contraire les magistrats faisoient partout leur devoir avec un zèle vraiment digne d'éloges. En outre, le ministre placé à la tête de la magistrature avoit, dans la crise du mois de juin 1820, reproduisant l'énergie de Matthieu Molé, couru un double risque de sa vie. Atteint, alors, d'un mal qu'on regardoit généralement comme mortel, il n'en avoit pas moins lutté, pour le bon ordre, contre une entreprise anarchique, avec la plus généreuse vigueur. Cramponné, en quelque sorte, à la tribune pendant trois jours, il ne la quitta qu'après avoir assuré le triomphe des lois, et sauvé ainsi ceux-là même qui devoient le réprouver plus tard. Il pouvoit expirer à cette tribune, défendant le trône contre la licence, comme l'avocat-général Servin expira, il y a deux siècles, au sein d'un lit de justice, défendant la liberté contre le pouvoir. Voilà le premier risque que courut ce ministre. Voici le second : les hommes qui ne vouloient, peut-être, qu'opérer un mouvement, se seroient, peut-être aussi, trouvés avoir fait une révolution ; et, dans une révolution, le premier sang qui coule est toujours celui du dernier adversaire que ses auteurs ont eu à combattre.

Sous le rapport de la défense intérieure et extérieure de l'État, la prévoyance étoit-elle en défaut quelque part ? Non, puisqu'aucun grief n'a été articulé à cet égard. L'armée, qui avait eu déjà occasion de faire des preuves de fidélité, persévérait plus que jamais dans de nobles dispositions. La tentative criminelle du mois d'août 1820 était devenue, pour elle, une seconde occasion de montrer le prix qu'elle attache à ses sermens. Enfin, dans ce département de la guerre, tout marchoit au gré de la volonté royale, qui fut toujours une volonté de salut pour la France.

Notre état maritime tendoit-il moins à accroître nos espérances?

Non: des expéditions lointaines avoient déjà eu lieu, et il s'en préparoit d'autres. Des bâtimens français se trouvoient partout où il y avoit lieu d'assurer une protection ou d'intervenir en faveur de l'humanité. Nos voisins purent s'étonner de pareils progrès, jusqu'à en devenir jaloux.

L'administration intérieure a-t-elle offert de plus légitimes sujets de reproche?

Non, car aucuns faits n'ont été précisés de ceux qu'un juge impartial eût le droit de considérer comme tels. Cette administration intérieure put laisser à désirer plus de simplicité, par conséquent, plus de force dans son régime; mais, à coup sûr, celui des coopérateurs du ministre de ce département contre lequel, plus que contre le ministre lui-même, la passion s'est déchaînée, montra constamment en lui un homme intègre, dévoué, ardent pour le bien, un serviteur fidèle du monarque dont la confiance reposoit sur lui, un digne héritier du nom et des sentimens de son père. Au surplus, les essais déjà faits, depuis vingt-cinq ans, pour donner une bonne organisation au ministère de l'intérieur, les formes successivement adoptées, abandonnées et reprises, sous les gouvernemens divers, pour découvrir la meilleure possible, attestent assez qu'il existe là à résoudre un problème dont la solution est difficile. Enfin, lorsque des griefs ne sont pas nettement proposés, l'homme raisonnable s'abstient de condamner.

Les finances de la France donnaient-elles quelques alarmes, et le ministre que la confiance du Roi avoit chargé de pourvoir à leur complète restauration, se révéla-t-il, par ses actes, un ministre inférieur à ses fonctions? Ici, c'est la France entière qui répond par une acclamation de reconnaissance pour l'ordre établi dans toutes les parties, pour les vues d'économie sévère, bientôt réalisées, qui présidèrent à l'administration de ce département.

C'est la France qui proclame , par d'universels regrets , et le bien qu'avait déjà fait le dernier ministre des finances , et celui qu'il pouvait , qu'il voulait surtout faire encore , avec ces moyens tout personnels qu'une étude approfondie de la matière , six années de discussions au sein de la Chambre des députés , et la plus heureuse indépendance d'existence sociale , lui en assuraient.

Voilà l'état de choses que tout lecteur de bonne foi avouera avoir été celui où le changement de ministère, en France, surprit chacun de ses membres.

Nous aurons occasion , plus tard, d'examiner ce que valent, à défaut de raisons contre chaque ministre , individuellement pris, ces mots *système du ministère*, qui , prononcés par les uns , sont répétés par les autres, sans que les premiers les aient définis , sans que les seconds prennent même la peine d'y chercher un sens ; mots, en effet, vides de sens le plus souvent, mais qui sont du nombre de ceux avec lesquels on fait des prosélytes : car , depuis trente-deux ans , la puissance des mots est grande en France.

Telle étoit donc , redirons-nous, la situation du gouvernement avant le renouvellement du ministère.

Aussi, au jour où le Roi dut ouvrir la session actuelle par le discours du trône, chacun prédit-il, parce que chacun avoit un sentiment vrai de l'état des choses, que cet entretien du monarque avec ses sujets seroit consolant, encourageant ; qu'il y seroit parlé d'améliorations réelles, du calme parfait de l'intérieur, d'une noble attitude prise au-dehors ; en un mot, que ce discours royal, en signalant le bien obtenu, annonceroit le bien encore espéré.

Cette attente générale ne fut point trompée. Les paroles du Roi y répondirent, et elles portèrent la joie dans toute la France, parce qu'elles y accrurent la sécurité. La Chambre des Pairs s'empressa de devenir l'interprète de la satisfaction publique et, dans une adresse où la chaleur des sentimens ne fut égalée que par le bonheur des expressions, elle offrit de respectueuses félicitations au Monarque, dont le gouvernement étoit récompensé par tant de résultats heureux.

La Chambre des Députés avoit aussi son adresse à présenter au Roi. La lenteur avec laquelle l'œuvre en fut achevée, mit bientôt le Public dans la confidence des contradictions que la rédaction définitive en éprouvoit. Quelques-uns des détails de la discussion en comité

secret commencèrent à transpirer, et l'on s'at-
tendit, avec chagrin, à ne pas trouver dans
l'adresse de la Chambre des Députés tout ce
que celle de la Chambre des Pairs renfermoit
de confiance dans le gouvernement du Roi.

Enfin, elle fut votée dans son dernier état
de rédaction. Il est très-remarquable qu'une
première partie de cette déclaration que faisoient au Roi les Députés de la France, conte-
noit l'aveu d'une situation prospère et, par
conséquent, confirmoit la vérité des paroles
royales. Mais deux points très-graves y
étaient signalés à l'attention publique, en
même temps qu'à la sollicitude du trône. L'un
concernoit les grains, matière délicate, quand
il s'agit des actes d'un gouvernement, et dont
il ne faut jamais parler devant un peuple qu'avec
des notions bien certaines. L'autre avoit pour
objet les négociations au dehors ; et lorsqu'il
est de l'essence des rapports de tout gouvernement avec les gouvernemens étrangers, qu'un
secret profond règne dans les communications
respectives ; lorsqu'il étoit impossible, dès-
lors, indépendamment des preuves que le
Roi fit, dans tous les temps, d'une âme vraiment française et vraiment royale, que rien
de connu autorisât des doutes sur la dignité

ou sur la fermeté du langage dans ces négociations, la manifestation d'une défiance à cet égard trouva pourtant sa place dans une adresse des Députés de la France, destinée à retentir aux oreilles du Monarque. Le cœur paternel du Roi s'en émut, s'en affligea. Les deux points que nous venons de rappeler furent jugés dans le Public, autant que par le gouvernement lui-même, avoir dû ne pas être des objets de grief ou de doute. Puisque le Roi a vu une offense à son gouvernement dans cette autre partie de l'adresse, puisqu'il l'a exprimé avec une noble douleur, on ne manquera pas de respect envers la Chambre des Députés en se permettant de dire, avec lui, et après lui, qu'en effet le gouvernement du Roi n'avoit pas mérité d'entendre un tel langage. Quoi qu'il en soit, le Roi ne consentit point à ce que la lecture de l'adresse lui fût faite. Il déclara la connaître, et il répondit dans les termes dont chacun peut se souvenir, et où l'on remarqua, avec autant d'admiration que de sensibilité la pensée de cette opposition touchante entre une auguste adversité et une restauration providentielle, au milieu desquelles le descendant de Saint-Louis, d'Henri IV et de Louis XIV, avoit conservé toute la maguanimité d'un cœur français, comme toute la dignité de sa couronne.

Peu de jours après cet événement, un premier discours fut prononcé au sein de la Chambre des Députés, que suivirent de près deux autres, tous dirigés contre le ministère.

Les orateurs qui les ont fait entendre, ces discours, sont, incontestablement, des hommes honorables par leur position sociale et par leur indépendance. Ce n'est qu'une raison de plus pour s'affliger que de tels hommes ayent pu se rendre propre le langage dont nous allons parler et qui n'étoit pas fait pour eux.

Ce ne furent point, en effet, de ces harangues généreuses par lesquelles, en d'autres temps, des magistrats, délibérant en présence d'une armée répandue autour de l'enceinte qui les renfermoit, protestoient avec courage contre l'abus de la force, dont ils accusoient des ministres. Alors, du moins, le péril réel de la situation des orateurs donnoit à leurs âmes cette élévation de pensées, cette chaleur de sentiment qui fait l'éloquence. Ce ne furent pas non plus de ces paroles qu'improvisa, comme par une inspiration subite, dans une grande crise de l'Etat, le plus célèbre et, peut-être, le plus tristement célèbre des orateurs de l'Assemblée constituante. Alors, aussi, il y avoit, du moins, un prétexte à une déclamation contre les ministres, dans le voisinage de troupes que la prudence, beaucoup plus qu'une résolution hostile, avoit rassemblées autour de la salle des États-Généraux. Et l'on comprend tout ce que, dans des circonstances pareilles, un homme naturellement impétueux et que dévoroit, d'ailleurs, une ambition secrète, put exhaler d'une noble colère. Non, ce ne fut rien de cela. Qu'on prenne la peine de relire les discours qui furent prononcés, dans la Chambre des Députés, à la suite du refus de l'adresse, on y retrouvera, presque littéralement, ces philippiques de sociétés populaires dont quelques déclamateurs des Assemblées constituante et législative avoient donné le modèle. Des phrases sonores, des idées rebattues, des lieux communs, des menaces emphatiques ; mais point de faits, point de griefs déterminés, rien, en un mot, de ce qui, aux yeux d'une Assemblée composée d'hommes graves, aux yeux d'un peuple surtout, peut constituer le fondement d'une accusation. Ce furent *verba et voces, prætereàque nihil*. Dans ces discours, comme dans ceux des orateurs de 1791 et 1792, une facile et très-ordinaire faconde remplaça le fond des choses. Mais ce qu'il est important d'observer, c'est que la même marche y étoit suivie, les mêmes moyens y étoient employés qu'au temps des premières hostilités qui furent dirigées contre le trône des Bourbons. Alors, comme dans les harangues récentes, on élevoit bien haut les vertus du Roi ; on affectoit soigneusement de le séparer de ses ministres, qu'on feignoit de croire en état de conspiration contre lui ou contre la *Constitution*. Alors, comme dans les harangues récentes, on parloit du mal qui devoit retomber sur les têtes des ministres. Alors, comme dans les harangues récentes, on faisoit des appels à la *Nation*. Mais, alors, on ne savoit pas assez, et l'on devroit bien savoir aujourd'hui, que chez tous les peuples, surtout au milieu de ceux qui sortent d'une révolution et tendroient à y rentrer, il y a une *Nation* qui n'est pas le peuple, qui entend fort bien de semblables appels, et qui, prenant à la lettre, lorsque le moment en est venu, les paroles d'orateurs imprudens, fait tomber les têtes sur lesquelles ceux-ci ont appelé une responsabilité. Cette *Nation*-là est celle avec le secours de laquelle on brisa le trône en août 1792; par les mains de laquelle on égorgea tant de victimes dans les prisons de Paris, en septembre suivant, et dont quelques hommes se sont remontrés dans les scènes de juin 1820. C'est de cette *Nation*-là que les vociférations se firent entendre, pendant plusieurs années, dans ces réunions dites populaires, qui désolèrent la France sur tous ses points. C'est encore cette *Nation*-là qui, à Madrid, fit sauter la cervelle du chanoine Venueza d'un coup de marteau, qui y peuple le club de la *Fontana d'Oro*, et qui, à Cadix et à Séville, profère tant de paroles insolentes et séditieuses dans des adresses à l'infortuné roi d'Espagne. Certes, et nous nous hâtons de le dire, parce que nous le pensons très-sincèrement, les orateurs d'une certaine classe, qui, dans les premiers temps de la Révolution, parlèrent avec tant de violence contre les hommes en place, bien moins encore ceux qui viennent de renouveler, tout récemment, des sorties contre les ministres du Roi, furent loin de concevoir la pensée, même de soupçonner la possibilité de pareils résultats. Non, rien de semblable n'entra jamais dans le cœur des premiers, ni surtout des seconds. Les résultats n'en ont pas moins été ceux que l'univers connoît. Mais lorsqu'en 1821 nous vivons sous la monarchie légitime et cons-

titutionnelle, sous le gouvernement paisible, régulier, prospère, d'un successeur de Louis XVI,
après trente années des fautes, des égaremens
et des fureurs que nous déplorons, il est trop
douloureux que des hommes chez qui l'éducation, le rang social, leur part des malheurs
communs, les sentimens de royalisme qu'ils
professent, sembloient offrir autant de garanties d'une constante observation de toutes les
convenances publiques, ayant parlé au peuple
français comme parloient à la *Nation* les orateurs de 1792 !

Ici se présente, naturellement, une observation, qui n'est que le complément des réflexions
précédentes.

Les orateurs dont nous rappelons les discours récens sont dans les rangs des royalistes
et, comme tels, ils parlent toujours de la religion, de la morale, de la justice, auxquelles
ils associent, avec raison, parce qu'elles en sont
inséparables, les idées de monarchie et de
légitimité. La religion et la morale, sans doute,
ne désapprouvent pas, et même elles inspi-
rent quelquefois une sainte chaleur, sur le vrai
caractère de laquelle ne se méprennent jamais
des auditeurs ou des lecteurs éclairés. Mais la
religion et la morale réprouvent les insultes,

les outrages personnels, les déclamations publiques sans preuves, les qualifications offensantes et, sur-tout, les emportemens sans mesure. Ce n'est pas assez pour des hommes publics que de s'annoncer, que de se proclamer les défenseurs de la religion et de la morale. Leur devoir premier est d'appuyer le précepte par l'exemple, sous peine d'autoriser l'opinion que, dans leur bouche, religion et morale sont plutôt des mots convenus que des principes. Il faut en dire autant de la justice. Le bon et loyal député n'est que juste, lorsqu', fidèle à ses obligations et à ses sermens, il signale avec certitude, et en prouvant son grief, ou un abus de pouvoir, ou une prévarication. Il n'est pas juste, il ne se montre que passionné, lorsqu'il occupe toute une assemblée délibérante et, par suite, tout un peuple, de déclamations vagues, qui révèlent des préventions ou des ressentimens personnels, et nullement un intérêt de l'Etat ou du Gouvernement. Enfin, la monarchie des Bourbons et la légitimité ne peuvent s'accommoder que du langage et des moyens qu'avouent la religion, la morale et la justice. Il ne faut pas que des royalistes attirent sur la cause royale ce reproche, que quelques-uns de ses défenseurs profanent les mots religion , morale, justice, monarchie et légitimité , comme prostituoient les mots égalité, liberté, fraternité, les hommes qui , tout en adoptant cette devise, s'élevoient sur des ruines de fortunes privées, mettoient leurs concitoyens aux fers et finissoient par pousser leurs *frères* sur des échafauds.

Au milieu de ce torrent de déclamations répandues dans les discours qui ont suivi immédiatement le refus , par le Roi , d'entendre l'adresse de la Chambre des députés, ce qui surnage, ce qu'on peut saisir de plus clair, ce sont les griefs que voici :

L'un des ministres a, dans l'une des discussions , à la Chambre , parlé de ses amitiés et de ses éloignemens. Ce ministre fut employé sous le gouvernement de Bonaparte. Le coopérateur d'un autre ministre a calomnié les royalistes aux oreilles du prince. Il fut aussi, d'ailleurs, l'un des serviteurs du gouvernement de Bonaparte.

C'est quelque chose de bien déplorable, il faut l'avouer, qu'à l'époque où nous sommes parvenus, après de si terribles épreuves, on ait pu, avec quelque succès, influencer une assemblée respectable , et finir par opérer un changement dans le gouvernement , à l'aide d'une raison aussi futile que l'est le premier des trois griefs. Un des ministres, à la tribune de la Chambre, a parlé de ses amitiés et de ses éloignemens! En bonne foi, qu'importoit à la France, lorsque ce ministre, lorsque le ministère servoient bien l'Etat, chacun dans son département, tous dans la délibération et dans la décision communes? Qu'importoient au bien-être de la France les amitiés ou les éloignemens de ce ministre, qui n'intéressoient que les prétendans à des faveurs ou à des grâces sur la dispensation desquelles il pouvoit influer plus spécialement? Enfin, qu'importoient à la fixité du gouvernement de la France le mécontentement ou l'humeur qui s'empareroient de quelques hommes, parce qu'un ministre auroit déclaré qu'il avoit des amitiés et des éloignemens, et qu'eux se seroient regardés comme compris dans les seconds? Il y avoit là, tout au plus, de quoi occuper, pendant une demi-heure, un salon de désœuvrés; et c'est la Chambre des députés des départemens de la France que des orateurs en ont entretenue! En vérité, nos voisins doivent, quelquefois, nous trouver bien neufs encore en matière de délibération publique.

Un autre grief, celui-là commun au dernier

ministre des affaires étrangères et au fonctionnaire supérieur qui administroit la police générale du royaume, c'est donc d'avoir été employé sous Bonaparte. Ceci amène une réflexion qu'il faut publier une bonne fois pour toutes.

Est-ce qu'après avoir échoué dans la tentative d'établir des catégories *légales*, on veut essayer, du moins, les catégories d'*opinion?* Si tel est l'espoir, il faut y renoncer. Bonaparte, pour le malheur de la France, l'a gouvernée pendant quatorze ans. Mais une multitude d'hommes de bien, d'hommes capables, instruits, exercés, ont servi l'Etat, de son temps, dans les tribunaux, dans l'administration publique, dans l'armée. De ces mêmes hommes, un grand nombre, un très-grand nombre, s'est déclaré pour les Bourbons, dès le jour où la Providence a relevé leur trône. Les deux personnages, notamment, dont nous nous occupons ici, ont fait leurs preuves à cet égard, et des preuves éclatantes. Il est connu que l'un, le ministre, a secondé fortement l'œuvre de la Restauration et que, depuis, il a servi le Roi avec distinction dans trois ministères successifs. L'autre, le fonctionnaire qui a partagé le sort du dernier ministre de l'intérieur par une retraite commune, a suivi le Roi sur la terre d'exil pendant les cent jours ; il a accompagné M. le duc de Richelieu au congrès d'Aix-la-Chapelle , et ses talens , non moins que ses sentimens français , y ont été dignes et de la haute négociation et de l'illustre négociateur. Voilà ce qu'ont fait deux hommes après lesquels la passion s'est acharnée avec fureur. Plaise à Dieu que ceux qui n'ont pas été employés sous Bonaparte , et qui aspirent à des places dans le gouvernement des Bourbons , sachent servir cette royale famille aussi bien , et avec autant de discernement de son véritable intérêt , que ces deux anciens serviteurs de l'Etat au temps de Bonaparte !

Mais un grief de plus est personnel au second. Il a calomnié les royalistes aux oreilles du Prince.

Ici , ce n'est pas sans gémir que nous nous rappelons les propres paroles de l'un des orateurs dont les discours , dans la Chambre des députés , ont suivi la déconvenue de l'adresse. C'est un homme bien né, c'est le fils d'un grand citoyen, c'est un fonctionnaire public supérieur, honoré de la confiance du Roi, c'est un Pair de France, que cet orateur a signalé à la France entière comme un intrigant subalterne, à qui sa place ménageoit le moyen de calomnier les royalistes auprès du monarque! La liberté de la tribune autorise-t-elle donc un pareil langage? La considération de chacun des fonctionnaires publics est-elle donc livrée ainsi à la prévention, au caprice, ou à l'erreur du député qui a le privilége de la parole? Et quelles expressions ! Les eùt-on employées plus insultantes, plus méprisantes, quand il se fût agi du dernier des aventuriers? Sur - tout, devoient-elles avoir pour auditoire la Chambre des députés de la France, c'est-à-dire une assemblée où, de quelque côté qu'ils siégent, les hommes qui la composent sont des hommes délicats sur les convenances publiques, d'abord parce qu'ils sont Français, ensuite parce que leur éducation, leurs relations et leurs habitudes sociales les ont familiarisés avec toutes les bienséances ? Voilà pour la forme du grief. Et quant au fond, où est donc la preuve de l'imputation ? Comment l'orateur a-t-il sù que le directeur général de la police calomnioit lui et ses amis aux oreilles du Roi? Suffisoit-il de le présumer, pour avoir le droit d'en accuser publiquement ce fonctionnaire public, et de le traiter avec une telle indignité ? Le Roi et le directeur général de la police du royaume savent seuls, apparemment, ce que ce dernier a pu exposer au

Prince. Mais y a-t-il eu calomnie? Encore une fois, l'orateur ne pouvoit pas le savoir, et il ne devoit pas se contenter de le supposer pour laisser échapper un tel outrage. Et si, par exemple, le Roi a été averti, par un serviteur fidèle, de l'alliance qui se formoit entre deux divisions de deux côtés de la Chambre, pour repousser les projets de lois, pour refuser l'impôt, pour contrarier le gouvernement dans sa marche, et pour forcer le ministère à la retraite, y a-t-il eu calomnie dans l'avis? Celui qui l'a donné, cet avis, n'a-t-il pas fait son devoir? Et lorsque tous ses antécédens notoires sont, du moins, d'un homme intègre et pur, est-il concevable que la passion ait égaré un membre de l'une de nos assemblées délibérantes au point de lui fournir, contre ce même homme, des expressions qui ne pouvoient s'appliquer qu'au plus vil citoyen? Sous le gouvernement représentatif sans doute, les fonctionnaires publics doivent s'attendre, par cela seul qu'ils sont tels, à toute la vigueur des interpellations, à toute la sévérité des jugemens. La défiance dont ils sont l'objet est une des inévitables disgrâces de leur position. Mais ils ont le droit de n'être pas plus diffamés que les autres citoyens.

Il est trop clair que le véritable sujet de tant de colère, c'est le fait du service sous

Bonaparte. Mais y pensent-ils bien, ceux qui voient dans ce fait une cause de réprobation? Ont-ils calculé toutes les conséquences d'une pareille règle d'opinion ou de conduite? Est-ce que, dans leurs propres rangs, on ne compte donc pas d'anciens membres du Conseil-d'État de Bonaparte, d'anciens préfets de Bonaparte, d'anciens généraux de Bonaparte, d'anciens intimes des ministres ou des ministres d'État de Bonaparte, même d'anciens panégyristes publ cs de Bonaparte? Tous ceux-ci croient-ils donc que leurs amis actuels ignorent cet accident de leur existence antérieure à la Restauration, et ne comprennent-ils pas qu'au jour où ils seront parvenus à obtenir quelque portion du pouvoir, le moindre mécontentement, la moindre humeur qu'ils auront donnés détermineront le moment du reproche? Ne savent-ils pas qu'alors leurs actions, leurs discours, leurs écrits, leurs fonctions, et jusqu'à leurs liaisons, tout sera rappelé, tout sera mis au grand jour, *quidquid latet apparebit*, et qu'alors, aussi, ils seront, à leur tour, proclamés indignes de servir les Bourbons, puisqu'ils auront tenu, par quelque côté, au gouvernement ou aux hommes de Bonaparte?

Le Roi, fort heureusement pour la France,

a beaucoup plus de sagesse que ceux qui se disent ses amis par excellence. Lorsque des garanties lui sont données, soit dans des vertus connues, soit dans des services rendus, soit dans des intérêts évidens, il néglige la vérification des dates. Tout Français est appelé à le servir; et, quoi qu'en puissent dire ceux que la sagesse du Roi mécontente, c'est là un fort bon système.

Ce dernier mot nous conduit à examiner, comme nous l'avons promis, le grief plus abstrait qui se tire de ce que, dans la langue des partis, on appelle le *système du ministère*.

C'est, il faut en convenir, une position étrange que celle où le ministère s'est trouvé, en France, dans les différentes vicissitudes qu'il a subies. Les uns lui ont toujours reproché de n'être pas assez monarchique; les autres, de ne pas faire assez de part à la démocratie. Chacune des deux opinions a donc, naturellement, donné naissance à ce reproche fait, de part et d'autre, au *système du ministère*. Ici, disons-le comme une vérité constante pour quiconque a observé la direction des esprits et la marche des affaires depuis la Restauration, comme une vérité, aussi, qui soulage de beaucoup d'inquiétudes, la vraie que-

relle, en France, et déjà depuis plusieurs années, n'est pas sur les choses, elle est sur les
personnes. Le système du ministère sera bon aux
yeux d'un parti, moins encore si tous ses projets
de lois sont conformes aux idées de ce parti,
que si tous ses choix portent sur des hommes
de ce parti, et, par conséquent, le système
du ministère sera mauvais aux yeux de l'autre.
Mais des ministres qui, pour complaire à une
opinion de préférence à l'autre, méconnoî-
troient les titres et les droits de chacun, lorsque ces titres et ces droits existent, et avec eux
des garanties données, de tels ministres, ré-
péterons-nous, se joueroient de la loi constitutionnelle et manqueroient à la confiance du
Roi. De plus, tout gouvernement, pour se
maintenir, et avec lui l'état social, a besoin
d'une action forte, qui peut s'obtenir sans que
la liberté en souffre, et, au contraire, au
profit de la liberté elle-même. Mais ce n'est
qu'au sein du pouvoir qu'on peut mesurer,
apprécier, discerner et choisir les moyens.
Se faire, par exemple, un système d'écarter
des emplois publics tous ceux qui seroient
connus pour allier des idées de démocratie
avec le principe monarchique, auroit autant
de danger et mériteroit autant de blâme que

donner l'exclusion à ceux qui voudroient beaucoup moins de démocratie et plus de principe
monarchique. Le premier devoir d'un gouvernement, sans doute, comme, d'ailleurs, son
premier intérêt, est de bien reconnoître les
intentions et les dispositions de ceux qu'il appelle à le servir. Une fois éclairé, une fois fixé
sur cette condition essentielle, des intentions
et des dispositions, son habileté, son art con-
sistent à tirer de tous ces talens, de toutes ces
capacités, le parti le plus utile au bien de
l'État, et cela par une distribution des emplois heureusement combinée avec ces talens
et ces capacités. En France, sous l'empire de
la Charte constitutionnelle, c'est-à-dire avec
le régime de la monarchie tempérée, tout ministère ne peut avoir qu'un système, c'est de
gouverner avec elle et par elle. Mais vous en-
tendrez toujours les personnes se plaindre sous
le prétexte des choses. On ne sera pas assez
constitutionnel, on ne sera pas assez monarchique, suivant les mécontentemens privés
ou de parti. Supposez parvenus au ministère
les hommes les plus supérieurs aux autres,
et en vertu et en science de gouvernement, les plus éprouvés encore par leur
dévoûment à la dynastie régnante, ces mi-

nistres ne pourront pas donner des places à
tous. *Leur système* sera accusé dès-lors, et
par ceux qu'ils n'auront pas pu satisfaire,
quoique ceux-là offrissent en eux-mêmes les
conditions du choix, et par ceux qu'ils auront
tenus dans l'éloignement des emplois, parce
qu'ils leur savoient des intentions et des dispositions incompatibles avec l'idée du choix.

Qu'on ne s'abuse pas : le reproche fait à un
ministère, sous le prétexte de son *système*, vient
toujours de ceux ou qu'il n'a pas pu placer,
ou qu'il a eu ses raisons pour ne pas vouloir
employer. Le ministère nouveau va être, et est,
peut-être, déjà en butte aux mêmes plaintes.
Celui qui lui succédera en deviendra l'objet à
son tour, et ainsi de suite, sans que jamais il
y ait une meilleure justification contre chacun
d'eux de ce grief qui, de sa nature, est perpé-
tuel, le *système du ministère*.

En vain quelques hommes, soit d'un côté,
soit de l'autre, cherchent-ils à faire, ou se font-
ils à eux-mêmes illusion sur cette vérité ; en
vain s'écrient-ils les uns et les autres : gou-
vernez comme nous l'indiquons, comme nous
le demandons, et gardez les places pour vous
et pour vos amis. Si un ministère, en effet,
consentoit à gouverner au gré d'un parti, mais

que ce parti ne recueillît point les emplois, on verroit bientôt ce que vaut ce désintéressement. Pauvres hommes que nous sommes! nous essayons de nous dérober à nous-mêmes nos foiblesses; mais elles n'échappent pas aux autres.

Au surplus, après avoir donné quelques instans à la théorie des choses, abordons la question sous le rapport des faits positifs.

Ce sont des royalistes, et de ceux qui se placent d'eux-mêmes au premier rang dans cette classe, qui repoussoient et qui ont dénoncé ce qu'ils nomment le *système du ministère*. Mais le choix des hommes, à ce qu'il nous semble, est bien propre à révéler la pensée ou les projets d'un gouvernement sur les choses. Or, c'est le dernier ministère qui avoit envoyé en ambassade dans l'une des premières cours de l'Europe l'un des royalistes les plus distingués, les plus éclatans; c'est lui encore qui a promu à deux directions générales deux autres royalistes non moins connus par leur zèle pour la monarchie légitime; c'est lui encore qui a enrichi la Cour de cassation des vertus et de la science de deux magistrats pris dans le sein des royalistes les plus signalés; c'est, toujours, lui encore qui a remis en activité de service des généraux dont les noms sont chers aux royalistes.

Et nous ne parlons là que des nominations d'un ordre élevé. Beaucoup d'autres ont eu lieu pour des postes inférieurs, soit dans les tribunaux, soit dans l'administration publique, soit dans l'armée : elles sont notoires. Voilà des faits qui, puisqu'on parle de système, expliquent le système du dernier ministère, et autorisent à conclure, du choix des personnes, à ce qu'il faisoit et projettoit de faire relativement aux choses.

C'est pourtant ce ministère qu'une véhémence irréfléchie, dont les impressions ont gagné, comme par l'effet d'une commotion électrique, la majorité de la Chambre des Députés, a contraint de se retirer. Sa destinée est étrange, il faut l'avouer. L'opposition d'une partie de la Chambre, qui fut constante à son égard, n'a rien qui surprenne. Celle-là ne devoit rien au ministère, que sa portion du bien général qu'il a fait. Mais ce n'est pas de pareils services qu'on se soucie beaucoup dans les partis. Celle-là s'était déclarée ouvertement dès le principe. Elle n'a été que conséquente à ses préventions ou à ses défiances. Elle a, si nous pouvions nous permettre cette expression, communément employée en pareille matière, *joué son jeu.* Mais qu'elle ait trouvé son appui et le moyen de succès dans ceux qui devoient tant au ministère, et dont beaucoup, même, ne siégeoient dans la Chambre que par un effet de l'influence qu'inévitablement tout ministère exercera sur les élections, c'est là ce qui étonne, ce qui confond, ce qui afflige.

Nous avons entendu blâmer le parti que tous les ministres ont pris de se retirer lorsque, dit-on, vers quelques-uns seulement se dirigeoit l'effort de leurs adversaires. Ce blâme ne nous paraît pas avoir été réfléchi.

Dans la forme de notre gouvernement représentatif, le ministère du Roi est nécessairement un et solidaire. Consentir à rester, lorsque d'autres sortiroient par suite de clameurs vagues, de plaintes sans objet déterminé et d'outrages personnels, c'eût été se rendre complice de leur réprobation. Tous les membres du dernier ministère ont reconnu qu'ils avoient voulu, agi, marché d'accord jusqu'à la crise. Ils ont dû, tous, prendre pour eux ce qui n'avoit été dit que de quelques-uns, et ne pas accepter une division qui, sans être honorable pour les uns, auroit affligé les autres. Avec de l'élévation dans l'âme, avec un sentiment vrai de ce qui est noble et bienséant, on ne peut qu'approuver la résolution commune à tous les membres du dernier ministère. Quelques-uns d'entre eux avoient déjà donné l'exemple d'une pareille conduite dans une circonstance semblable. Il étoit bon à renouveler. L'honneur et la dignité des fonctions publiques ne sauroient qu'y gagner.

Mais il n'en faut pas moins déplorer, lorsque la nécessité n'en a été justifiée par rien de ce qui peut satisfaire un homme raisonnable, celle où l'on a réduit tout un ministère d'opérer ainsi sa retraite. Il faut le déplorer, et parce que les instrumens étoient bons dans la main du Roi, et parce que le moment a été le plus inopportun de ceux où le changement pouvoit arriver. Ceci n'a pas besoin d'autre développement. Quiconque voudra considérer l'état intérieur et extérieur de la France sentira ce qu'il y a de perdu pour elle, lorsqu'un ministère a gouverné pendant assez longtemps, dans cette tradition qui n'est pas de nature à se transmettre à des successeurs, parce qu'elle se compose de trop d'élémens, dont la dispersion est indivisible de celle des membres d'un ministère eux-mêmes.

Il devra demeurer évident pour tout lecteur que, loin d'être dirigé contre le ministère nouveau, l'écrit dont on connaît déjà une partie doit le seconder plutôt que lui nuire. Car il tend, cet écrit, à la stabilité, à la fixité du gouvernement. Il tend à obtenir que des humeurs de boudoir ou de salon ne défassent pas et ne fassent pas des ministres ; que les principaux dépositaires de la puissance publique ne dépendent pas, dans une existence d'utilité pour l'Etat, du caprice de quelques hommes blessés dans leur intérêt ou dans leur amour-propre ; qu'un moment d'emportement à la tribune ne suffise pas pour ébranler le gouvernement par un déplacement continuel des hommes que la confiance du Roi appelle au timon des affaires ; enfin, qu'après l'expérience des calamités dont fut le signal le changement presque journalier de ministres qui eut lieu pendant les dix dernières années du règne de Louis XVI, le spectacle de cette triste lanterne magique ne soit plus renouvelé pour nous. Qu'on jette, hélas ! un regard sur la malheureuse Espagne. Là, aussi, il se fait des adresses contre les ministres, et, même, dans celles-là le despect pour le roi est porté jusqu'à une insolente audace. On voit ce qui en résulte. Les hommes naguères les plus violens dans ce pays, s'y trouvent déjà amenés, par l'effroi de l'avenir, à des idées plus sociales. Mais est-il encore temps? Dieu le veuille!

Nous venons de nous expliquer sur des points qui sont déjà, eux seuls, de nature à provoquer la plus grave méditation. Mais il est un autre intérêt, celui-là d'une importance supérieure encore à ceux dont nous avons occupé le lecteur, et qui se lie à l'objet du présent Écrit.

Depuis le jour fortuné de la Restauration, une calomnie s'est attachée, avec la plus cruelle persévérance, aux princes les plus augustes, les plus religieux, et dont le caractère loyal est le plus avéré dans toute l'Europe. Séparant, sans cesse, de la volonté et de l'intérêt du Roi, leur intérêt et leur volonté, cette calomnie s'opiniâtre à les représenter comme nourrissant d'arrière-pensées, d'arrière-projets, comme ne consentant qu'une durée viagère pour la Charte, et comme réservant pour un temps plus éloigné le développement d'intentions et de dispositions contraires. La méchanceté, qui forgea cette accusation, n'a été que trop bien secondée par l'irréflexion des uns et par la conduite des autres.

Par l'irréflexion des uns :

On n'a tenu compte, ni du caractère connu de nos princes, ni des déclarations que, longtemps avant la Restauration, ils avoient publiées dans l'étranger; ni de la réponse que l'héritier présomptif du trône fit au Sénat, en avril 1814, avant l'arrivée du Roi, réponse où se trouve tout ce qu'il y a de fondamental dans la Charte; ni du laps de temps qui s'est écoulé depuis, et qui auroit confirmé pour eux, si leur pensée n'eût pas été constamment celle du Roi, la conviction de l'accord dans lequel la Charte seule, et les institutions qui seront en harmonie avec elle, peuvent se trouver avec les intérêts et les besoins de la France; ni de cette idée simple, de pur bon sens, mais non moins décisive en faveur de la sécurité, que les princes, comme le Roi, sont rentrés après vingt-cinq ans d'infortunes, de tribulations et d'exil, et qu'ils ont trouvé, dans cette France, une génération autre que celle qu'ils y avoient laissée, une génération à qui tout l'ancien système monarchique de France étoit étranger, et qui, après avoir souffert cruellement, des fureurs de la démagogie, de l'imbécillité de l'olygarchie, de l'extravagance et de la violence du despotisme, aspirait à se reposer dans le sein d'un gouvernement ami de la liberté sans être trop foible en pouvoir. Non, on n'a tenu compte de rien de tout cela, pas même de ce grand et puissant intérêt, tout personnel aux princes de la maison de Bourbon, qui leur montre le trône affermi avec la Charte, ébranlé, renversé, par la seule tentative de substituer une autre forme de gouvernement au gouvernement de la Charte. Que si, après cela, on eût pensé à ce qu'il y a d'obligatoire, de sacré, aux yeux de ces princes, dans un serment prêté par eux, il n'est pas un homme en France, nous osons le dire, qui n'eût repoussé avec mépris et indignation la calomnie qui les poursuit avec tant d'acharnement, et, il faut le redire, avec trop de succès. Que seroit-ce donc, si les données plus particulières que possèdent à cet égard beaucoup de personnes, pouvoient devenir communes à tous les Français! Voilà pour l'irréflexion des uns.

Par la conduite des autres :

Combien, en effet, il faut gémir de la témérité avec laquelle, se permettant de soumettre le Roi à leur jugement, dans la distinction, irrespectueuse pour lui, qu'ils font sans cesse de sa personne avec la personne des princes, certains hommes ont contribué à l'erreur contre laquelle nous venons de protester plus haut! Combien elles sont meurtrières pour le repos des Français et pour le bonheur de nos princes,

ces démonstrations de tant d'amour pour ceux-ci, de la part des mêmes hommes qui, tout royalistes qu'ils se disent, ne cessent, depuis près de huit ans, d'établir des comparaisons entre le Roi et les princes, dont l'effet, immanquable, devait être de laisser supposer une différence entre la volonté du monarque et les dispositions de sa famille ! Combien ils sont condamnables, ces propos, ces discours, ces vœux, qui accréditent, à l'insçu des princes, la calomnie dont ils sont, ainsi, d'innocentes victimes ! Et combien leur admirable bonté elle-même leur devient funeste, lorsque, se méprenant sur l'unique principe de leur conduite envers quelques hommes, unique principe qui n'est autre que cette bonté elle-même, une partie du Public y voit un encouragement donné à des espérances que ces princes ne soupçonnent même pas pouvoir être conçues !

Ah ! puissent ces pages tomber sous les yeux du plus grand nombre possible de tant d'hommes de bonne foi, qui partagent l'erreur qu'ont entretenue trop longtemps la méchanceté des ennemis et la témérité de certains amis ! Puissent-ils, ces hommes de bonne foi, croire, avec une conviction aussi profonde que celle de l'auteur de cet Ecrit, à la religieuse sincérité, à l'inébranlable résolution, avec lesquelles nos princes, premiers sujets du monarque dont la Charte est l'ouvrage, veulent, comme lui, la Charte, à laquelle ils sont liés par un serment commun ! Ce vœu est le plus pur et le plus ardent qui puisse s'échapper d'un cœur vraiment royaliste.

Et, en effet, la propagation de cette vérité, que les princes non-seulement n'admettent pas, mais encore repousseroient avec indignation la pensée d'un autre gouvernement que le gouvernement par la Charte, finira par opérer infailliblement le résultat que voici :

Parmi ceux que, soit au sein des Chambres, soit dans le monde, on désigne sous le nom de libéraux, même parmi les chefs que l'opinion du parti royaliste donne à cet autre parti, il y a plus de royalistes qu'on ne pense, lorsqu'on veut bien, enfin, entendre par ce mot le Français dans le cœur duquel la dynastie des Bourbons et le gouvernement par la Charte sont des choses inséparables. Sans doute, parmi ces libéraux de nom, il en est que leur âge, les intérêts de position, tant de circonstances qui, dans les révolutions politiques, expliquent la diversité des dispositions ou des affections, ont rendus étrangers à la famille des Bourbons.

Les uns, trop jeunes, ne les avoient jamais connus. D'autres ont vu leur existence sociale personnelle modifiée par l'événement et par les suites de la Restauration. Mais tous ces hommes-là ont des familles, des professions, des propriétés ; tous ces hommes-là veulent surtout le maintien de l'ordre public, auquel est lié leur bonheur particulier. Chacun d'eux a ce sentiment, qu'avec les Bourbons seuls la France peut rester France ; que, les Bourbons de moins, trois seules autres conditions seroient celles de la France, l'anarchie, le despotisme, ou l'étranger, toutes choses auxquelles un vrai Français ne songe qu'avec horreur. Et c'est en quoi la situation des Bourbons en France est admirable. La nécessité, un évident intérêt de chacun, y ont vaincu, au profit de l'immuabilité de leur dynastie, ceux qui ne sont pas assez heureux pour les connaître, c'est-à-dire pour savoir jusqu'à quel point ils méritent d'être aimés. Qu'on parvienne à détromper les prétendus libéraux dont je parle, et qui sont tout prêts à n'être que des royalistes ; qu'on les désabuse de cette cruelle erreur qui trouble leur sécurité, parce qu'elle les tient en état de défiance ; de cette erreur qui suppose possible et, même, secrètement voulu, un autre gouvernement que celui de la

Charte, et le nombre de tous ceux qu'il faudra appeler royalistes deviendra incalculable, et le gouvernement s'affermira sur des bases solides, et les mots cesseront d'avoir de la puissance contre les ministres, dont on ne réussira à obtenir le changement qu'avec des faits.

Ceux à qui d'incontestables vérités répandues dans cet écrit pourront ne pas plaire, ne manqueront pas de le déclarer l'ouvrage d'un ancien ministériel. Il est, pourtant, très-vrai de leur dire, que ni aucun des anciens ministres, ni le fonctionnaire public supérieur qui a partagé leur destinée, n'ont soupçonné seulement que l'auteur d'une production qui les concernoit s'occupât de la composer. Qu'on croye donc encore assez à l'amour du pays et au zèle de la chose publique chez quelques hommes, pour admettre qu'ils n'ont pas besoin d'un autre stimulant, quand il s'agit de faire quelque chose d'utile. Au surplus, ce ne serait pas un trop mauvais exemple à donner que celui d'une persévérance d'intérêt ou d'affection pour des ministres qui auraient cessé de l'être.

La question des personnes est si peu celle à laquelle l'auteur songea, que voici son dernier vœu :

De nouveaux ministres sont en place, qu'ils y fassent le bien et qu'ils y restent! Ce vœu, nous n'en pouvons douter, sera celui des Ministres mêmes qu'ils ont remplacés.

----

5 *Mai* 1787.

La Cour, toutes les Chambres assemblées, les pairs y séant, avertie par la notoriété publique, et par un concours de circonstances suffisamment connues, des coups qui menacent la nation en frappant la magistrature;

Considérant que les entreprises des ministres de Sa Majesté, sur la magistrature, ont évidemment pour cause le parti qu'a pris la Cour de résister à deux impôts désastreux, de se rendre incompétente en matière de subsides, de solliciter la convocation des Etats-généraux, et de réclamer la liberté individuelle des citoyens;

Que ces mêmes entreprises ne peuvent, par conséquent, avoir d'autre objet que de couvrir, s'il est possible, sans recourir aux Etats-généraux, les anciennes dissipations par des moyens dont la Cour ne seroit pas le témoin sans en être l'obstacle ; que son devoir l'oblige d'opposer, avec une constance inébranlable, l'autorité des lois, la parole du Roi, la foi publique et l'hypothèque assignée sur les impôts, à tous les plans qui pourroient compromettre les droits ou les engagemens de la nation;

Considérant, enfin, que le système de la seule volonté

du Roi, clairement exprimée dans les différentes réponses surprises au seigneur Roi, annonce, de la part des ministres, le projet d'anéantir les principes de la monarchie, et ne laisse à la nation d'autres ressources qu'une déclaration précise par la Cour des maximes qu'elle est chargée de maintenir, et des sentimens qu'elle ne cessera pas de professer ;

Déclare que la France est une monarchie gouvernée par le Roi, suivant les lois ;

Que de ces lois plusieurs sont fondamentales, embrassent et conservent le droit de la maison régnante au trône, de mâle en mâle, par ordre de primogéniture, à l'exclusion des filles et de leurs descendans ;

Le droit de la nation d'accorder librement les subsides par l'organe des Etats-généraux, régulièrement convoqués et composés ;

Les coutumes et les capitulations des provinces, l'inamovibilité des magistrats ;

Le droit des Cours de vérifier, dans chaque province, les volontés du Roi, et de n'en ordonner l'enregistrement qu'autant qu'elles sont conformes aux lois constitutives de la province, ainsi qu'aux lois fondamentales de l'Etat ;

Le droit de chaque citoyen de n'être jamais traduit, en aucune manière, pardevant d'autres que ses juges naturels, qui sont ceux que la loi lui désigne ;

Et le droit sans lequel tous les autres sont inutiles, celui de n'être arrêté par quelqu'ordre que ce soit, que pour être remis sans délai entre les mains de juges compétens ;

Ladite Cour proteste contre toute atteinte qui seroit

porté à celui ci-dessus ; déclare unanimement qu'elle ne peut en aucun cas s'en écarter ; que ces principes également certains obligent tous les membres de la Cour ; qu'en conséquence aucun de ceux qui la composent ne doit autoriser par sa conduite la moindre innovation à cet égard, ni prendre place dans une compagnie qui ne seroit pas la Cour elle-même, composée des mêmes personnages et revêtue des mêmes droits ; et dans le cas où la force, en dispersant la Cour, la réduiroit à l'impuissance de maintenir par elle-même les principes contenus au présent arrêté, la Cour déclare qu'elle en remet dès à présent le dépôt entre les mains du Roi, de son auguste famille, des pairs du royaume, des Etats-généraux, et de chacun des ordres réunis ou séparés qui forment la nation.

Ordonne, en outre, ladite Cour, que le présent arrêté sera, par le procureur-général du Roi, envoyé incontinent aux baillages et sénéchaussées du ressort, pour être lu, publié et registré, et que le procureur-général du Roi rendra compte à la Cour de cet envoi, lundi prochain, 5 mai, toutes Chambres assemblées.

Du 5 mai 1788.

Vu par la Cour l'arrêté du 3 de ce mois ;

Vu pareillement un imprimé contenant, etc., etc., dans lequel imprimé se trouve notamment la phrase suivante : . . . .

La Cour a ordonné et ordonne que ledit imprimé

sera lacéré et brûlé, comme contenant une falsification injurieuse, contraire au respect dû au Roi, fait à dessein d'imputer à la Cour des sentimens et des expressions incompatibles avec le profond respect pour la personne sacrée du Roi, dont la Cour ne s'écartera jamais et ne cessera de donner l'exemple aux autres citoyens, à quelque extrémité qu'elle se trouve réduite; ordonne que le présent arrêt sera publié audience tenante et porté au Roi.

La Cour délibérant sur le récit fait par MM. Duval et Goislard, des mesures prises la nuit dernière, pour les enlever de leur maison;

Considérant que les ministres, loin d'être ramenés aux principes de la monarchie par les démarches de la Cour, toujours légales et toujours respectueuses envers le seigneur Roi, ne s'occupent, au contraire, qu'à déployer toutes les ressources du despotisme, qu'ils s'efforcent de substituer aux lois;

Que les ministres viennent encore d'attenter à la liberté de deux magistrats de la Cour, dont tout le crime est d'avoir uni leur zèle à celui de la Compagnie pour défendre les droits les plus sacrés de la Nation;

Considérant, en outre, que les ordres particuliers qui violent l'asile des citoyens, les mettent dans l'impuissance de recourir aux lois, et ne tendent pas à remettre sans délai les personnes arrêtées entre les mains de juges compétens, n'obligent pas légalement les citoyens, a mis et met MM. Duval et Goislard, et tous autres magistrats et citoyens, sous la sauve-garde du Roi et de la loi.

Et cependant a arrêté que M. le Premier Président

se transporteroit sur-le-champ à Versailles, avec MM. les présidens Lefebvre et Bochard, MM. Damécourt, Robert, Amelot et Barbier, à l'effet de représenter au Roi l'excès des malheurs qui menacent la Nation, et le supplier d'écouter dans sa sagesse d'autres conseils que ceux qui sont près d'entraîner l'autorité légitime et la liberté publique dans un abîme dont il deviendroit peut-être impossible au zèle des magistrats de la tirer.

A arrêté, en outre, que la Cour attendra, sans se déplacer, le retour de MM. le Premier Président et des députés de la Cour, et qu'expédition en forme du présent arrêté sera délivré à MM. Duval et Goislard.

Imprimerie de P. GUEFFIER, rue Guénégaud, n° 31.